AF604231

Il était une fois, dans une petite ville charmante, vivait une fille joyeuse nommée Nour. Nour adorait le mois sacré du Ramadan, où les musulmans du monde entier jeûnaient du lever au coucher du soleil. C'était un moment de réflexion .spirituelle, de prière et de retour à la communauté

À l'approche du Ramadan, le cœur de Nour débordait d'excitation. Elle avait hâte de partager la .joie de ce mois béni avec sa famille et ses amis

Le premier jour du Ramadan, Nour se leva tôt avec sa famille pour prendre un repas pré-aube avant le début du jeûne. Ils prièrent ensemble, et Nour ressentit un sentiment de paix et de proximité avec Allah.

Au fil des jours, Nour réfléchit à la manière dont elle pourrait rendre ce Ramadan encore plus spécial pour sa communauté. Elle voulait faire quelque chose qui répandrait la joie et le bonheur autour d'elle.

Nour décida de parler à ses parents de son idée. Ils l'écoutèrent attentivement et l'encouragèrent .à élaborer un plan pour avoir un impact positif

Après mûre réflexion, Nour eut une idée parfaite : elle organiserait une fête de rupture du jeûne surprise pour les moins fortunés de sa ville. La rupture du jeûne, .c'est le repas au coucher du soleil pour rompre le jeûne

Nour partagea son plan avec ses amis, Layla et Sami, et ils étaient impatients d'aider. Ensemble, ils com-.mencèrent à se préparer pour cette surprise spéciale

Les trois amis visitèrent les marchés locaux et les épiceries pour acheter les ingrédients d'un délicieux repas de rupture du jeûne. Ils choisirent des fruits .frais, des légumes, des dattes et d'autres friandises

Nour et ses amis contactèrent également leurs voisins et leurs camarades de classe, les invitant à se joindre à la fête de rupture du jeûne surprise. Ils voulaient que l'événement rassemble les .gens et crée un sentiment d'unité et de bonheur

La nouvelle de la fête de rupture du jeûne surprise de Nour se répandit rapidement dans toute la ville. Tout le monde était excité à l'idée de l'événement et .voulait contribuer de toutes les manières possibles

À l'approche du jour de la fête de rupture du jeûne
surprise, la ville était en effervescence. Nour, Layla et
.Sami travaillèrent sans relâche pour que tout soit prêt

Enfin, le jour tant attendu arriva. Le soleil commença à se coucher, et Nour, Layla et Sami se tenaient devant le centre com-
.munautaire où ils avaient organisé l'événement

Les gens commencèrent à arriver un par un. Certains apportaient des plats à partager, tandis que d'autres venaient avec des sourires et de la gratitude pour .participer à la fête de rupture du jeûne surprise

Le cœur de Nour se remplit de bonheur en voyant la communauté se rassembler dans l'esprit du Ramadan. La salle était emplie de rires, de conversations cha-.leureuses et du bruit des plats qui s'entrechoquaient

Le moment de la rupture du jeûne arriva, et Nour, Layla et Sami ressentirent une poussée d'excita-.tion en servant la nourriture qu'ils avaient préparée

L'arôme des délicieux plats emplit l'air, et les gens com-mencèrent à savourer le repas ensemble. Nour remar-qua combien la surprise de la rupture du jeûne appor-.tait de la joie et du bonheur sur les visages de chacun

Pendant la rupture du jeûne, le père de Nour, qui était un conteur talentueux, partagea des histoires inspirantes de l’histoire islamique, en insistant sur .l’importance d’aider les autres pendant le Ramadan

À mesure que la nuit avançait, Nour et ses amis distri-buèrentdepetitssacs-cadeauxremplisdefriandiseset .depetitsjouetspourlesenfantsprésentsàl’événement

La fête de rupture du jeûne surprise fut un
énorme succès, et la communauté se sen-
.tit plus proche et plus connectée que jamais

Dans les jours qui suivirent, Nour reçut des mes-
sages sincères de personnes exprimant leur gratitude pour la joie et l'amour qu'ils avaient res-
.sentis à la fête de rupture du jeûne surprise

Les actions de Nour inspirèrent d'autres personnes à accomplir des actes de gentillesse pendant le Ramadan. La ville devint un pôle de générosi-
.té, où les gens s'entraidaient de diverses manières

Les camarades de classe de Nour, les voisins et même les
entreprises locales se joignirent à l'esprit du don. Ils organisèrent des collectes de nourriture, des événements
.caritatifs et firent du bénévolat dans les abris locaux

La nouvelle de la gentillesse et de l'unité de la ville se répandit loin et large, inspi.rant d'autres communautés à faire de même

Un jour, Nour reçut une lettre d'une ville voisine, la remerciant pour l'inspiration qu'ils avaient reçue. Eux aussi organisèrent une fête de rupture du jeûne sur.prise et partagèrent la joie avec leur communauté

Nour, Layla et Sami étaient comblés de joie en constatant que leurs efforts avaient un im-.pact positif au-delà de leur propre ville

ÀlafinduRamadan,Nourressentitunprofondsentiment de gratitude et d'accomplissement. Elle avait appris quemêmedepetitsactesdegentillessepouvaientavoir .un effet d'entraînement considérable dans le monde

Tout au long de l'année, Nour et ses amis continuèrent à répandre l'amour, la com-.passion et la joie dans leur communauté

Le Ramadan reviendrait, et Nour savait qu'elle per-pétuerait la tradition de la rupture du jeûne sur-prise, rappelant à tous l'essence véritable du Rama-.dan : répandre la joie et la bienveillance envers tous

Et ainsi, la tradition de la rupture du jeûne surprise per-
dura, rassemblant les communautés et rappelant aux
.gens la puissance de la foi, de l'unité et de la bienveillance

La surprise de Ramadan de Nour avait laissé un hé-
ritage durable, touchant les cœurs des gens de près
et de loin, et montrant que l'esprit du Ramadan pou-
vait briller intensément tout au long de l'année, ren-
.dant le monde meilleur et plus heureux pour tous

www.ingramcontent.com/pod-product-compliance
Lightning Source LLC
LaVergne TN
LVHW071132160826
845679LV00005B/1253
* 9 7 9 8 8 6 0 2 1 5 2 6 9 *